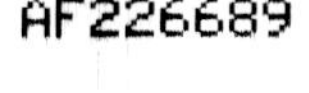

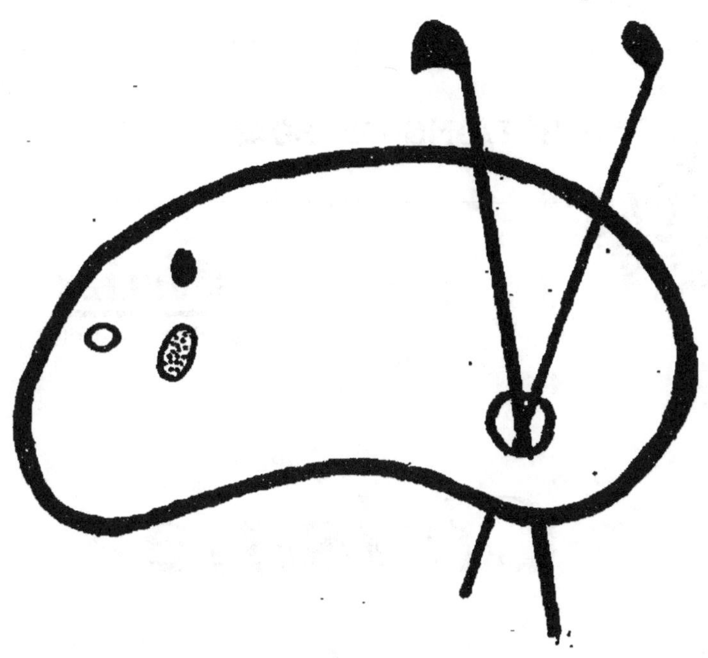

DEBUT D'UNE SERIE DE DOCUMENTS
EN COULEUR

E. JULIEN

Agrégé de l'Université.

Civisme

et

Catholicisme

BLOUD & C⁰

S. et R. 579

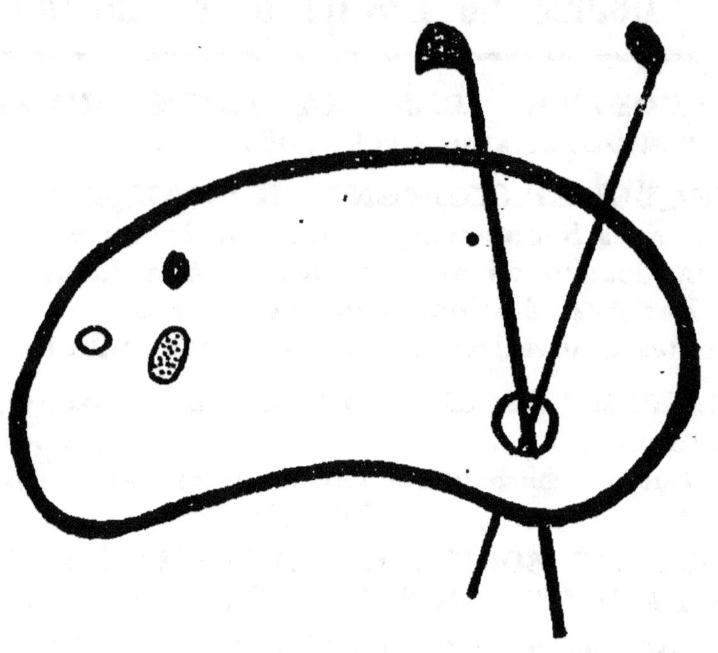

FIN D'UNE SERIE DE DOCUMENTS
EN COULEUR

CIVISME ET CATHOLICISME

DANS LA MÊME COLLECTION

CIVISME

ET

CATHOLICISME

PAR

E. JULIEN

Agrégé de l'Université

PARIS

LIBRAIRIE BLOUD & Cie

7, PLACE SAINT-SULPICE, 7

1-3, RUE FÉROU — 6, RUE DU CANIVET

1911

CIVISME ET CATHOLICISME

Si l'on peut être Catholique et bon Français.

Si l'accomplissement du devoir civique, tel que le conçoit l'esprit de la France nouvelle, peut se concilier avec la profession de la foi catholique, ou simplement si l'on peut être catholique et bon Français, c'est une question qui ne se pose pas, cela va sans dire, devant des catholiques, qui ne se pose même pas encore officiellement devant l'État, mais que les faits se chargent déjà de poser devant tout le monde, les faits étant souvent révélateurs des principes qui voudraient demeurer cachés (1).

A première vue, le conflit entre le devoir du citoyen et la conscience du catholique paraît inconcevable. Demandons-nous ce que c'est que d'être catholique. Être catholique, c'est non seulement s'efforcer de reproduire dans sa vie, au moins d'intention sinon de fait, le parfait modèle

---

(1) N'a-t-on pas entendu naguère, à la tribune, un ministre qui ne passe pas pour provoquer les conflits, M. Briand, menacer les catholiques de la possibilité d'un cas de conscience qui placerait le Français catholique entre ses devoirs de Français et sa sujétion de catholique au pouvoir pontifical ?

de l'humanité que fut l'Homme-Dieu, et cela; par la réception des sacrements dont l'Église est la dépositaire et la dispensatrice, mais encore c'est appartenir de corps et d'esprit à la société universelle, instituée par Jésus-Christ sous ce nom d'Église ; c'est donc être citoyen de la grande cité chrétienne qui a ses lois, sa hiérarchie, son chef suprême ; c'est se sentir obligé envers elle comme envers une patrie, plus encore, puisque l'obéissance à l'Église veut dire soumission de l'intelligence à ses dogmes, de la volonté à sa discipline, et du cœur à sa direction.

Être Français, d'autre part, on sait de reste ce que cela veut dire : c'est aimer la France et la servir, la servir non seulement dans les occasions exceptionnelles où le salut de tous exige le sacrifice des biens ou de la vie de quelques-uns, mais la servir toujours en obéissant à ses lois, en travaillant, dans la mesure de nos forces et de notre influence, à son progrès dans tous les ordres de l'activité humaine, et plus encore à son ascension vers un idéal toujours plus élevé de justice et de bonté.

A définir de la sorte le Français et le catholique, semble-t-il, on ne risque pas de poser l'un en antagoniste de l'autre. Ce n'est pas l'avis de ceux qui veulent le conflit et font tout pour le provoquer. D'après eux, l'idéal de la France nouvelle est irréductible à l'idéal de l'Église catholique : on ne peut servir les deux à la fois ; il faut opter. Recueillons ce que disent à peu près les politiques qui tiennent à démontrer l'incompatibilité du devoir civique avec le devoir religieux : « La France est le pays de la Révolution, et l'Église jette l'anathème aux principes de 89. La France est le pays de la libre discussion, la terre classique de la raison, et le catholicisme s'appuie sur la base de l'autorité en matière de croyance. La seule souveraineté que la France doive reconnaître est la souveraineté de la loi, et le catholicisme impose l'obéissance à un souverain qui règne par-dessus les frontières et par-dessus la volonté du peuple. La France est une nation démocratique organisée selon l'esprit républicain, où les fonctions d'État appellent de bas en haut les élus du suffrage universel. Le catholicisme, au contraire, est par essence une monarchie, dans laquelle le pouvoir descend de haut en bas et ne remonte jamais. Dans ces conditions, si le catholique se montre bon Français, ce n'est qu'en se mettant en contradiction avec ses principes et par un heureux défaut de logique. Vienne d'ailleurs une crise nationale, ou que se présente un cas de conscience, le voilà contraint de sacrifier la patrie à l'Église ou inversement. Déjà depuis un quart de siècle, le conflit est à l'état aigu. L'autorité, en matière de croyances, est aux prises avec la liberté de la recherche scientifique, et c'est le conflit de l'école. Le principe d'autorité et le principe de liberté en matière politique, l'un se réclamant de la souveraineté de Dieu, l'autre de la souveraineté de l'homme, luttent autour de l'urne électorale. Enfin le droit ancien, né de la constitution prétendue divine de l'humanité, est combattu par le droit moderne, né de l'inviolabilité de la personne humaine, qui ne veut être sacrifiée à aucun intérêt soi-disant supérieur, et c'est le conflit qui se livre, autour de l'atelier, entre le travail et le capital. »

Et voilà en vertu de quelles prétendues antinomies la libre pensée contemporaine veut s'arroger le monopole du progrès démocratique, pour faire croire au peuple que non seulement les catholiques ne peuvent pas y concourir, mais que leurs croyances les obligent à en combattre la réalisation ; de sorte que, s'il est admis que tout Français doit se faire l'artisan de la nouvelle France, le catholique ne saurait être Français qu'à demi, bon tout au plus à payer le double impôt de l'argent et du sang.

Et voilà ce qu'il ne faut pas laisser dire, et j'essayerai, pour ma part, d'en donner quelques raisons. Et non seulement je voudrais réfuter cette calomnie, mais j'aurais l'ambition de montrer que la démocratie, qui prétend se passer de nous, ne saurait trouver de meilleurs artisans de son développement que nous-mêmes, et par conséquent, au point de vue de la meilleure France, les catholiques seraient à tout prendre les meilleurs Français.

I

Le rationalisme officiel
dans l'État et dans l'École.

Et d'abord, voyons ce qu'il faut penser de cette liberté de l'esprit qu'on dit essentielle à l'œuvre démocratique, et qui nous serait refusée.

Quand la Déclaration des Droits de l'homme érigea en principe la liberté de penser, dans les termes que tout le monde connaît, elle n'entendait pas dire par là que le parfait citoyen était le libre penseur, et que le croyant, le catholique était tout au plus digne de la tolérance. Non certes, le rédacteur de la Déclaration n'a pas prétendu proclamer la souveraineté absolue de la raison. Mais comme, trop souvent l'Etat avait souffert des inconvénients de l'intolérance, et qu'en effet le maintien de l'unité religieuse avait causé tant de difficultés à l'ancien régime, l'État crut devoir faire à la paix publique la concession de la liberté. Cette attitude n'impliquait pas pour le gouvernement l'indifférence vis-à-vis de la religion, et en particulier de la religion catholique.

Et c'est pourquoi l'Église, qui condamne l'indifférence de l'État en matière de religion, ne condamne pas cette tolérance civile qui, en raison de la paix, permet aux différents cultes de s'exercer librement.

Si la troisième République s'en était tenue à la lettre de la Déclaration des Droits, nous n'aurions rien à dire. Mais elle a franchi deux nouvelles étapes. D'abord elle a considéré la religion comme une quantité négligeable, dans la solution du grand problème que soulève le progrès démocratique d'un peuple : de là, l'œuvre de complète laïcisation qui s'achève avec la loi de séparation. Elle ne s'est pas arrêtée là ; elle en est vite arrivée à regarder la religion comme un obstacle à la réalisation de la démocratie. Les lois sont neutres, dit-elle. Peut-être, mais l'esprit des lois n'est pas neutre. L'esprit des lois de la troisième République, on peut le dire à coup sûr, c'est l'esprit du rationalisme le plus absolu. C'est un essai, le premier essai de ce genre, depuis qu'il y a au monde des gouvernements, pour établir une constitution politique et sociale sur les seules données de la raison. C'est, en effet, un rationalisme d'État qui s'organise au sein d'une grande nation, et qui prétend suffire à toute la vie pratique, morale et intellectuelle de la société. A l'heure même où la religion se retire, avec l'Église séparée, de tous les services publics où elle avait une place d'honneur, c'est la raison qui s'y installe, avec le même privilège d'autorité et presque d'infaillibilité.

« Le seul dogme de la démocratie, dit solennel-
lement M. Jean Jaurès, c'est qu'il n'y a pas, c'est
qu'il ne peut pas y avoir de limite à la liberté de
l'esprit ; c'est qu'aucune conception préalable ne
peut lier la liberté de la raison humaine explorant
l'univers. » Par ces expressions et par d'autres
semblables, on proclame la raison souveraine non
seulement dans l'ordre de la science, ce qui est
incontestable, mais souveraine dans la morale
elle-même, la raison non seulement dérobant ses
secrets à la nature et forgeant une à une les clefs
qui nous ouvrent les portes de l'inconnu terrestre,
mais encore dictant seule des lois à la conscience
universelle, sans avoir besoin pour frayer aux
hommes la route du bonheur d'emprunter le flambeau de la foi. En un mot, la science devient le
tout de l'homme. Et ce n'est pas là le rêve de quelques esprits téméraires qui n'engagent qu'eux-mêmes ; c'est la profession de foi philosophique d'un
gouvernement qui représente la France d'aujour-
d'hui et veut préparer la France de demain. Quand
un ministre se vantait d'avoir éteint là-haut des
lumières qu'on ne rallumera plus, quand un autre
ministre, moins enclin aux grands gestes, disait
simplement que l'État n'a pas de religion étant
a-religieux, tous les deux s'entendaient au fond
pour penser que l'État, remplaçant la religion et ses
étoiles par la raison et ses lumières, espérait bien

accoutumer les yeux et l'esprit du peuple à se passer de celle-là pour ne plus voir que celle-ci.

On prendra, on a déjà pris le bon moyen pour cela. L' « école », à tous les degrés, est chargée de propager le dogme de la souveraineté de la raison. L'école se dresse contre l'Église comme une chaire de liberté contre la chaire d'autorité. Ici, à l'école, on dit à l'enfant : « Raisonne et ne crois que ce que tu comprends. » Là, à l'Église, on lui dit : « Ecoute et crois sur parole. » Vous pouvez, vous qui lisez les discours officiels, achever le parallèle ; il est assez banal, il court les places publiques ; il est le refrain obligé de toutes les inaugurations d'écoles primaires ; il est l'acte de foi de ceux qui n'en ont plus ; naguère encore, il se déroulait dans un article de journal dont je ne parlerais pas si l'auteur n'avait pas été l'un des plus habiles et des moins scrupuleux ouvriers de l'œuvre antireligieuse : « Il est nécessaire, dit cet homme qui a donné son nom à un système politique trop fameux, le Combisme, il est nécessaire que l'école prenne partout la place de l'Église. En France, ce sont deux forces morales inégalement pures, inégalement sereines, qui sont en lutte depuis vingt-cinq ans : l'Église et l'École ; en d'autres termes, la foi et la raison, chacune avec ses compagnes obligées ; du côté de la raison, la justice, la liberté, la solidarité humaine, et, comme moyen de conviction, le raisonnement. Du côté de la foi, le renoncement à l'indépendance de l'esprit, la soumission au mystère, l'engourdissement de l'âme dans des espérances ou des craintes égoïstes, et, comme moyen de persuasion, l'anathème. L'une est exempte de tout mélange grossier, l'autre est entachée d'un fond de violence. Celle-ci est la force morale du passé, et chaque jour qui s'écoule précipite son déclin. Celle-là est la force morale de l'avenir et chaque jour qui s'écoule accélère son triomphe. »

Il est pénible de lire, et j'en prends une seule parmi tant d'autres semblables, ces affirmations qui sont toutes une offense à la pensée et à la foi catholiques. Mais il est bon de connaître les véritables desseins des hommes politiques qui ont préparé par degrés l'apostasie de la France, et qui en arrivent peu à peu à nous représenter, nous, les croyants, aux yeux du peuple qui lui a donné sa confiance, comme des intelligences asservies, des volontés esclaves, des hommes amoindris sous le joug de la religion, en un mot, comme des ilotes de la pensée et de l'action.

Le catholique est-il un esprit libre et peut-il contribuer au progrès scientifique du pays ?

Ainsi, me voilà, moi catholique, convaincu par toutes les voix de la presse, par toutes les tribunes politiques, par tous les manuels d'instruction civique (1), d'être également impropre à la science, impropre à la morale, et cela parce que j'ai la foi, parce que je crois en Dieu. Et en revanche, parce qu'ils ne croient pas en Dieu, les autres, parce qu'ils n'ont pas la foi, ils ont en partage et la science et la morale, toutes les connaissances, toutes les vertus ! Ils sont les serviteurs des grandes causes, de la justice et de la liberté : ils seront les artisans d'un avenir fécond, et nous les gardiens inertes d'un passé mort et qui ne renaîtra plus !

Que dire et que faire ? Devons-nous baisser la tête sous ce verdict insultant ? Devons-nous, pour demeurer fidèles à notre foi, nous enfermer dans notre fidélité comme dans une tour d'ivoire, et nous résigner, pour assurer notre salut dans l'autre monde, à laisser aux autres le soin de procurer l'amélioration de ce monde-ci ? N'ai-je donc à choisir qu'entre ces deux alternatives, ou porter ma foi catholique comme un forçat traîne son boulet, ou m'en débarrasser comme d'un poids mort, pour prendre part au travail et aux bénéfices de ce progrès scientifique et moral qui réclame des esprits affranchis ?

Non, certes, grâces à Dieu, nous n'en sommes

(1) La discussion qui s'est déroulée au Parlement, à l'occasion de la condamnation par les évêques des manuels scolaires a mis en pleine lumière cette prétention des libres penseurs.

pas là. Examinons tout d'abord en quoi consiste cette prétendue liberté qui serait le privilège des libres penseurs. Elle est double, nous dit-on, liberté de l'esprit, pour bien et beaucoup savoir, liberté de la volonté, pour bien et beaucoup agir.

Liberté de l'esprit ? Mais quoi ? Je ne savais pas que la foi gênât en rien la liberté de mon esprit. S'agit-il d'apprendre comme tout Français ce qu'on enseigne à l'école primaire ? Suis-je moins apte qu'un autre à recevoir les premiers éléments des connaissances humaines, jusqu'au certificat d'études, s'il le faut, parce que je travaille, enfant studieux, sous le regard du crucifix, dans lequel j'ai appris à croire comme au Maître des maîtres ? Il me semble que mon catéchisme ne fait pas tort à ma géographie ? Mais peut-être y a-t-il des sciences qui ne peuvent cadrer avec l'état d'esprit d'un croyant ? Y a-t-il une arithmétique orthodoxe et une autre qui ne le soit pas ?

Mais je vous entends. Ce n'est pas d'arithmétique ni de géographie qu'il s'agit. C'est une méthode, une marche de l'esprit, ou si vous l'aimez mieux, un pli de la pensée, une attitude de l'intelligence qui est proprement en cause. A l'école de la raison, l'enfant apprend à raisonner, et fût-il aussi ignorant qu'un autre, il a pour lui l'habitude du raisonnement, l'esprit de discussion, et en voilà pour la vie. A la bonne heure, je comprends; laissez-le croître, cet esprit de recherche et de discussion, laissez-le grandir avec l'enfant qui l'a reçu dans l'école de la raison, et vous reconnaîtrez dans l'homme la marque de sa supériorité d'origine. A quel signe, s'il vous plaît ? L'habileté de l'ouvrier, le savoir-faire du patron, la réussite du commerçant, que sais-je ? Mais tout cela se rencontre, Dieu merci, chez certains pauvres d'esprit catholiques. Une seule chose, en définitive, caractérise l'esprit formé à cette méthode, c'est qu'il n'a pas la foi, et voilà le résultat le plus net de cette fameuse méthode.

Sans doute, pour en arriver à ne croire à rien, l'incroyant a beaucoup médité, beaucoup réfléchi ? Détrompez-vous. Il ne croit à rien parce qu'il ne croit à rien : il vous reproche de croire sans savoir pourquoi, sans savoir quoi. Il sait moins encore pourquoi il ne croit plus. C'est un acte de foi à rebours : il croit qu'il ne doit pas croire. Mieux que cela, s'il n'a plus la foi, ce n'est pas qu'il ait des raisons pour ne plus l'avoir ; il serait fort empêché d'en trouver par lui-même une seule ; il a entendu dire qu'un être raisonnable ne peut pas raisonnablement être croyant. Il a cru sur parole ceux qui lui disaient qu'il ne devait pas croire sur la parole du prêtre ; or cela s'appelle soumettre sa raison à une autorité ; et c'est précisément ce qu'il reproche si durement aux catholiques. Croire sur la foi d'autrui, ou nier sur la foi d'autrui, lequel est le moins raisonnable ? Autorité pour autorité, si j'aime mieux écouter l'Église, je ne me crois pas moins intelligent pour cela.

Mais il en est, s'écrie-t-on, parmi les libres penseurs, qui raisonnent par eux-mêmes, et qui contestent aux catholiques la liberté de l'esprit. Il en est qui sont savants, c'est-à-dire fort appliqués à l'étude des sciences physiques ou des mathématiques ; il en est qui sont philosophes, c'est-à-dire occupés à chercher la raison dernière des choses et les secrets ressorts de l'esprit humain. Oui, je le sais, les uns et les autres ont exploré une partie du domaine de la pensée, mais aucun ne l'a défriché tout entier. Les uns et les autres peuvent se prêter leurs lumières, mais toutes ces lumières ne paraissent encore sur les rivages de l'inconnu que comme les phares des océans qui en éclairent à peine les bords ; tous ont besoin de tous ; aucun n'est le maître infaillible dans aucune science. Souvent même ils se contredisent les uns les autres. La Science elle-même, avec un S majuscule, la Science dont tout le monde parle, que tout le monde adore, qui n'a pas un infidèle, n'est qu'une idole : elle n'a pas d'existence réelle. Qui l'a vue ? Qui la connaît ? Il y a des sciences fort incomplètes, fort inachevées, toujours dérangées dans leur achèvement par leurs voisines de plus en plus exigeantes ; mais la science unique de tant de sciences, qui serait la tête au sommet du corps, elle n'est pas, elle ne sera jamais réalisée.

Savants et philosophes, qui que vous soyez, atten-
dez que vous ayez terminé vos travaux, construit
votre univers, pour venir au nom de la science et
de la philosophie affirmer que la religion n'a pas
trouvé place dans vos systèmes ni la foi dans
votre raison. Que dis-je ? vous qui contestez aux
croyants le titre de penseurs et à la foi le droit
de raisonner, qui êtes-vous ? Etes-vous les seuls
savants, les seuls philosophes ? Refusez-vous de
reconnaître pour tels les Descartes, les Leibnitz,
les Newton, les Pascal et tant d'autres ? Etes-vous
les plus savants du moins, et les plus philosophes ? Refusez-vous de vous incliner comme
des disciples devant des maîtres tels que les
Cauchy, les Claude Bernard, les Pasteur, pour
n'en pas nommer d'autres ? Laissez-moi donc
m'accommoder d'une croyance qui n'a pas entravé
la liberté d'esprit des hommes de génie. Pourquoi
le peuple serait-il humilié de croire ce qu'ils ont
cru ? pourquoi la profession de foi catholique,
qui n'a jamais nui à la science des vrais savants,
serait-elle chez les simples un amoindrissement
de la raison, et comme un obstacle au développement et au progrès de la civilisation ? On ne
saurait le démontrer, mais on l'affirme tout de
même. On remue au crochet les détritus de l'histoire, et on ramasse je ne sais quelles vieilleries
qui traînent de siècle en siècle dans les pamphlets
de la libre pensée, et on les étale avec une com-

plaisance toujours nouvelle, pour apprendre aux petits enfants que l'Église fut de tout temps en opposition avec l'esprit scientifique, et qu'elle voit d'un mauvais œil le monde se transformer, sous l'enchantement des prodigieuses découvertes de la raison, émancipée de la tutelle ecclésiastique. Un Galilée mal compris et mal jugé par un jury de théologiens prévaudra dans l'opinion volontairement aveugle contre les plus solennelles déclarations des Souverains Pontifes ; et c'est en vain que Léon XIII lui-même a fait le plus bel éloge des sciences positives : personne ne veut l'entendre. Et pourtant est-il rien de plus décisif que ces lignes de l'Encyclique *Immortale Dei* (1ᵉʳ nov. 1885) : « Comme il n'y a aucune vérité naturelle qui infirme la foi aux vérités divinement révélées, que beaucoup la confirment, et que toute découverte de la vérité peut porter à connaître et à louer Dieu lui-même, l'Église accueillera toujours volontiers et avec joie tout ce qui contribuera à élargir la sphère des sciences ; et, ainsi qu'elle l'a toujours fait pour les autres sciences, elle favorisera et encouragera celles qui ont pour objet l'étude de la nature. En ce genre d'études, l'Église ne s'oppose à aucune découverte de l'esprit ; elle voit sans déplaisir tant de recherches qui ont pour but l'agrément et le bien-être, et même, ennemie-née de l'inertie et de la paresse, elle souhaite grandement que l'exercice et la culture fassent porter au génie de l'homme des fruits abondants. Elle a des encouragements pour toute espèce d'arts et d'industries, et en dirigeant par sa vertu toutes ces recherches vers un but honnête et salutaire, elle s'applique à empêcher que l'intelligence et l'industrie de l'homme ne le détournent de Dieu et des biens célestes. »

Le catholique, n'étant pas un esprit affranchi, peut-il s'élever jusqu'à la vraie moralité ?

Mais en vérité c'est faire trop d'honneur à la polémique des libres penseurs que de s'y arrêter si longuement. Il s'agit d'ailleurs beaucoup moins de liberté de penser que de liberté d'agir, beaucoup moins de croyances que de morale, beaucoup moins de l'indépendance de la raison que de l'émancipation de la conscience.

Un homme nouveau est en voie de formation qui prétend rajeunir la vieille morale ou tout le moins l'animer d'un jeune esprit. Les devoirs qu'il veut bien faire siens ne sont pas sensiblement distincts de ceux que l'Évangile nous a dictés ; mais il entend désormais n'en recevoir l'inspiration et le commandement que de sa raison propre, et selon les lois de sa nature. Nulle volonté que la sienne n'a le droit de régler sa conduite.

Sa conduite découle de son être et de sa condition d'existence, comme les effets d'une cause et les conséquences d'un principe. Homme, il faut qu'il agisse en homme, c'est-à-dire, en personne douée d'intelligence et de liberté ; citoyen, il faut qu'il se conforme aux lois de la cité ; membre du corps social, il faut qu'il paie sa dette à la société tout entière. Après cela ne lui parlez pas d'un Dieu qui soit le Bien absolu et qui en ait gravé l'image dans la conscience humaine, d'un Dieu qui ait rédigé le devoir en dix commandements, d'un Dieu qui ait promulgué sa Loi dans une révélation, et qui soit prêt à punir ceux qui la trangressent comme à récompenser ceux qui l'observent. Dieu ? il n'est plus besoin de Dieu. Dieu, c'est l'autorité qui vient du dehors et qui change l'acte libre en geste d'esclave ; Dieu, c'est le maître qui avilit la conscience par la promesse d'une récompense ou la menace d'une punition. Dieu, c'est l'antipode de la loi morale, laquelle ne peut dépendre que de l'homme et ne servir que l'homme. Dieu ? mais Dieu seulement existe-t-il ?

En deux mots, et pour simplifier, la morale sans Dieu, voilà la morale qui se dit à présent scientifique. On s'efforce depuis quelques années d'en établir la théorie. La Sorbonne s'y épuise encore. Mais pratiquement, elle a cours dans toutes les écoles, elle s'insinue dans toutes les consciences ; elle ressemble d'ailleurs à la morale chrétienne, et c'est encore la morale chrétienne, à cela près qu'elle ne veut devoir à Dieu ni comptes ni reconnaissance.

Tout est là, dans l'alternative suivante : avec ou sans Dieu, pour ou contre Dieu, voilà le choix que laissent aux Français les maîtres de la France, et quand je dis qu'ils laissent le choix ; je me trompe, ils ont fait leur choix et ils l'imposent, de toute l'influence que leur donne le pouvoir, et ils frappent d'un véritable ostracisme ceux qui veulent rester Français avec Dieu, tout en réservant les faveurs pour ceux qui ont peur de se montrer à la fois les serviteurs de Dieu et de la France.

Où en sommes-nous donc qu'il devienne nécessaire à un citoyen français de s'excuser en quelque sorte de croire en Dieu et de plaider les circonstances atténuantes pour ses actes de foi ? Je n'ai pas le courage, je l'avoue, de démontrer ici que la crainte de Dieu et l'appréhension de ses châtiments, pour les uns, et pour les autres, l'amour de Dieu et l'espoir de ses récompenses, ne gâtent en rien le bien qu'ils font, et qu'ils sont capables pour le moins de remplir leur devoir d'homme et de Français aussi simplement, aussi bravement que ceux-là qui ont remplacé la crainte de Dieu par la peur du gendarme, et l'espoir des palmes éternelles par celui des palmes académiques. Non, non, à tous les catholiques qui, sans

être des saints, accomplissent tant bien que mal
la loi divine, se montrant en affaires respectueux
du bien d'autrui, fidèles à leurs obligations diver-
ses, ou privées ou publiques, honnêtes gens enfin,
dans toute la force des mots, je ne ferai point
l'injure de dire : « Tout cela serait bien, si vous
ne le faisiez pas pour gagner les bonnes grâces
d'un Dieu. » Non, je ne dirai pas non plus à la
Sœur de Charité qui a laissé sa famille pour s'en
composer une autre avec les pauvres, les mala-
des, les orphelins, les vieillards, toutes les faiblesses et toutes les misères : « Ma Sœur, vous
seriez une sainte, une héroïne, si, au lieu de vous
donner pour l'amour de Dieu, vous ne cherchiez
dans votre sacrifice d'autre satisfaction que celle
de votre conscience! »

Voyons-les plutôt à l'œuvre, les partisans du
devoir pour le devoir ! Où sont leurs saints, où
sont leurs héros, où sont leurs martyrs ? Regardez
donc vivre ceux qui ont expulsé Dieu de leur
conscience ! J'aperçois une jeunesse toute fraîche
émoulue de l'école sans Dieu ; sans doute ses
mœurs sont pures, son cœur généreux, son âme
vaillante ? La morale religieuse ne la gêne plus :
elle a sans doute les nouvelles vertus tant pro-
mises ? Entrez dans les maisons où Dieu n'est plus
qu'un prétexte à blasphèmes ; les enfants y sont
sans doute plus obéissants et plus soumis qu'ailleurs ; la paix et la concorde y règnent sans

doute à l'abri des fléaux de l'alcool et du vice ? Pénétrez, si vous le pouvez, dans la conscience du citoyen qui pour servir son pays n'a que faire de croire en Dieu. Sans doute il est le meilleur soldat et prêt à verser son sang pour. la patrie ; les antimilitaristes doivent être évidemment gens de grande foi ! Si c'est être égoïste que de servir Dieu en vue du ciel, comme ils doivent être désintéressés au service du pays ceux qui ne travaillent pas pour leur salut !

Nous ne savons que trop, par la statistique criminaliste, ce qu'il faut penser des vertus que doivent à l'école sans Dieu les jeunes générations. Dieu me garde de comparaisons désobligeantes, et surtout Dieu me garde de vanter pour les besoins de ma cause les mérites des hommes qui sont plutôt les mérites de la religion ! Mais enfin, malgré nos défaillances, malgré le déplorable écart qui se manifeste trop souvent entre nos principes et nos actions, nous pouvons sans crainte défier la morale nouvelle de faire mieux que nous, de nous surpasser en dignité de vie, en esprit de charité ou de bienfaisance, en amour de la justice, de donner à la France un chef-d'œuvre pareil à la mère de famille chrétienne, enfin une conscience plus éprise de bonté et de grandeur que ne le fut jadis celle de la nation aimée du Christ (1).

(1) N'est-ce pas le lieu de renvoyer les païens modernes à la réponse que saint Augustin faisait à ceux de son temps :

* *
*

La foi catholique est la suprême ressource contre les dangers de l'athéisme officiel.

Supposer qu'une nation peut vivre et pros-
pérer sans croyances, qu'une société peut conserver son équilibre en jetant dans la balance des
consciences les seuls poids des intérêts humains,
des raisons philosophiques, des espérances
terrestres, c'est tenter une aventure qui peut
tourner à la ruine de cette nation. L'histoire
n'offre pas jusqu'ici d'exemple d'une organisation sociale pure de tout esprit religieux,
puisque les temps païens eux-mêmes furent des
temps profondément religieux. En revanche, ce
que l'histoire nous apprend, c'est que le niveau
moral d'une société monte ou s'abaisse dans la
mesure que monte ou s'abaisse l'influence de la
religion. Malheur au peuple qui donne au monde
le scandale de reconduire à la frontière, comme
un perturbateur, le Dieu qu'il adora ! Il verra

« Ceux qui disent que la doctrine du Christ est contraire au bien
de l'Etat, qu'ils nous donnent une armée de soldats tels que
les fait la doctrine du Christ, qu'ils nous donnent de tels
gouverneurs de provinces, de tels maris, de telles épouses, de
tels parents, de tels enfants, de tels maîtres, de tels serviteurs,
de tels rois, de tels juges, de tels contribuables et des per-
cepteurs du fisc, tels que les veut la doctrine chrétienne ! Et
qu'ils osent encore dire qu'elle est contraire à l'Etat ! Mais que,
bien plutôt, ils n'hésitent pas d'avouer qu'elle est une grande
sauvegarde pour l'Etat quand on la suit. » Cité dans l'Encyclique *Immortale Dei.*

entrer chez lui, par la porte laissée ouverte, la corruption, la barbarie et la mort. Ce témoignage de l'expérience universelle a trouvé son expression la plus forte et la moins suspecte sous la plume de Taine : « Toujours et partout, écrit-il, depuis dix-huit cents ans, sitôt que les ailes du christianisme défaillent ou qu'on les casse, les mœurs publiques ou privées se dégradent. En Italie, pendant la Renaissance, en Angleterre sous la Restauration, en France, sous la Convention et le Directoire, on a vu l'homme se faire païen, comme au premier siècle ; du même coup, il se retrouvait tel qu'au temps d'Auguste ou de Tibère, c'est-à-dire voluptueux et dur ; il abusait des autres et de lui-même ; l'égoïsme brutal ou calculateur avait repris l'ascendant, la cruauté et la sensualité s'étalaient, la société devenait un coupe-gorge ou un mauvais lieu. Quand on s'est donné ce spectacle, et de près, on peut évaluer l'apport du christianisme dans nos sociétés modernes, ce qu'il y a introduit de pudeur, de douceur et d'humanité, ce qu'il y maintient d'humilité, de bonne foi et de justice. Ni la raison philosophique, ni la culture artistique et littéraire, ni même l'honneur féodal, militaire et chevaleresque, aucun code, aucune administration, aucun gouvernement ne suffit à le suppléer dans ce service. Il n'y a que lui pour nous retenir sur cette pente fatale, pour enrayer le glissement insensible par lequel incessamment et de tout son poids originel notre race rétrograde vers ses bas-fonds : et le vieil Evangile, quelle que soit son enveloppe présente, est encore aujourd'hui le meilleur auxiliaire de l'instinct social. »

A l'encontre de ces prophétiques leçons, la France a commencé de faire l'expérience d'une organisation sociale sans Dieu : ira-t-elle jusqu'au bout ? Je le crains ; ceux qui l'ont lancée sur le chemin de l'athéisme n'auront pas le temps de la ramener en arrière. Quand le précipice où nous courons sera visible, il sera bien tard pour crier : casse-cou !

Mais quand bien même la logique des choses, plus impitoyable encore que celle des principes, irait jusqu'au bout de ses conséquences, quand même le flambeau de la foi catholique ne brillerait plus sur notre sol que de place en place, comme ces lumières qui dans la nuit paisible des campagnes, signalent au voyageur une chambre de malade, quand même les ennemis du nom catholique croiraient avoir scellé pour jamais sur nos croyances la pierre du tombeau, même alors il ne faudrait pas dire : Tout est fini, parce qu'alors, au contraire, tout recommencerait. C'est précisément quand la religion cesse de luire qu'elle fait sentir sa nécessité. La religion est comme le soleil : elle peut se coucher quelque temps à l'horizon, mais le monde ne peut pas attendre son retour au delà de l'espace d'une nuit. Quand un peuple l'a rejetée dans un moment de folie ou d'erreur, il ne tarde pas à la rappeler sous peine d'en mourir.

A nous, catholiques, de conserver à la France l'espoir suprême et la suprême pensée, Dieu ! S'il y a des Français assez ennemis de leur pays pour chasser Dieu de l'école, du foyer, des lois, de la place publique, à nous de faire rentrer Dieu partout, dans nos âmes, dans nos relations, dans nos affaires, dans notre politique. Laissons dire aux intéressés que nous ne sommes pas les Français du jour et du lendemain. Erreur ! quand on a Dieu avec soi, on ne craint ni la science ni le progrès : on est de tous les temps et de toutes les lumières. Croyons-en notre foi et notre conscience ; nous serons bons Français, si nous faisons en sorte que, grâce aux vertus des catholiques, Dieu soit vraiment, comme le voulait Lacordaire, le premier citoyen de France.

II

Le catholique, membre de l'Église et sujet du Pape, peut-il encore reconnaître la souveraineté de la loi ?

L'école en s'opposant à l'Église, a voulu établir entre le Français et le catholique un antagonisme que nous ne pouvons admettre, et qui, en tous cas, n'est pas de notre fait. Voici que le conflit sort de l'école pour se continuer, sur le terrain politique, autour de l'urne électorale, qui, elle aussi, devient un signe de contradiction. L'urne électorale, c'est, pour tous les Français, l'égalité devant la loi souveraine. Or, souveraineté de la loi, égalité de tous les citoyens, voilà, paraît-il, des principes en opposition avec la foi catholique.

La raison, dans l'ordre politique, s'appelle la loi, et l'obéissance à la loi, comme la soumission à la raison, s'appelle liberté. Par contre l'autorité, dans l'ordre politique, s'appelle tyrannie, et l'obéissance à l'autorité s'appelle servitude. Il va sans dire que l'autorité ainsi comprise, c'est l'autorité selon les catholiques, et l'obéissance ainsi comprise, c'est l'obéissance catholique. Et cela, parce que notre foi nous fait un devoir de placer la loi divine au-dessus de la loi humaine, d'obéir à Dieu plutôt qu'aux hommes.

Et de fait, que pouvons-nous répondre à cela quand, tout récemment, la loi de séparation, une loi française, est devenue lettre morte pour les catholiques français devant l'ordre venu d'En-Haut par l'intermédiaire du Souverain Pontife ? Non seulement nous ne sommes pas les fidèles sujets de la loi, mais nous sommes les sujets d'une autorité étrangère : nous servons deux maîtres. Nous voilà convaincus de rébellion : nous ne pouvons être de bons Français. On le voit, je n'affaiblis pas l'objection.

Ainsi, pour être bon Français, il faut croire que la loi est en tout et partout souveraine, et qu'en aucun cas il n'est permis de lui opposer la loi également souveraine de la conscience. Quoi ? tout à l'heure on nous faisait un reproche de ne pas reconnaître la souveraineté de la raison dans l'ordre de la pensée et la souveraineté de la conscience dans l'ordre de la conduite, et maintenant il me faut m'incliner devant une nouvelle souveraineté, celle de la loi ! Raison, loi, conscience, sont-ce donc là trois choses qui se confondent et ne puissent jamais se contredire ? Qui voudrait l'affirmer et faire l'abandon définitif de sa raison et de sa conscience entre les mains du législateur, quel qu'il soit ?

La loi est l'expression de la volonté générale d'un peuple, et, sans vouloir pour le moment chercher d'où vient à la volonté générale d'un peuple sa force et sa légitimité, je veux bien m'incliner devant elle ; je dois, en conscience, ma soumission au pouvoir établi, et je dois, en raison, le sacrifice de mon intérêt propre à l'intérêt général. Je ne conteste pas à un peuple le droit de se gouverner lui-même, et de se faire, par les délégués de son pouvoir, à lui-même ses propres lois. Ce n'est pas une question de dynastie qui peut changer l'essence des choses. La volonté royale n'a rien de plus sacré, ni de moins, que la volonté populaire. Mais ni l'une ni l'autre n'ont le pouvoir de consacrer le juste ou l'injuste. Ni l'une ni l'autre ne peuvent forcer l'inviolable retraite de l'âme où ma conscience oppose une infranchissable barrière à toutes les violences, quand même ces violences s'appelleraient la loi. Je ne dis pas que la force ne doive pas rester à la loi, même injuste, tant qu'elle est la loi : mais rien ne peut me contraindre à lui faire le sacrifice de ma conscience. Je lui abandonne tout, excepté cela.

En vérité les fils de la Révolution sont-ils bien venus à proclamer la souveraineté absolue de la loi, eux qui se vantent avec quelque raison d'avoir proclamé les droits de l'homme, autrement dit de la conscience humaine en face des droits de l'Etat absolu ? Que devient le droit individuel s'il est réduit à un éternel silence devant le droit de la volonté collective ? « Il faut aimer les lois, sans doute, disait l'ancêtre Condorcet, mais en les aimant, il faut qu'on sache les juger ? » Et dans le même esprit, j'approuve l'article 34 de la Déclaration des Droits de 1793. « Il y a oppression contre le corps social tout entier quand un seul de ses membres est opprimé. »

Et, au surplus, nous n'avons pas besoin de l'exemple des révolutionnaires pour nous mettre à l'abri contre les sophismes de leurs héritiers, nous avons nos grands ancêtres, nous aussi, les chrétiens du primitif Christianisme, lesquels ont proclamé, les premiers dans l'histoire du monde, et en face du César romain, la suprématie des droits de la conscience. Heureuse désobéissance que celle de nos martyrs, qui a fait le départ entre le domaine de la loi et celui de la conscience, entre la puissance publique et la liberté religieuse ! Souverain jusque-là sans rival de l'homme tout entier, l'Etat envahissait le for intérieur et absorbait la religion, qui était un simple devoir civique comme le reste. Le chrétien parut qui arrêta le César au seuil de sa conscience en lui disant : Ceci est à Dieu ! Depuis lors la parole de Jésus-Christ eut son effet, qui ordonnait de rendre à César ce qui est à César et à Dieu ce qui est à

Dieu. Aussi quand César légifère sur ce qui appartient à César, même s'il se fait la part du lion, César doit être obéi. Mais quand César légifère sur la religion, même en tant que la religion déborde sur le for extérieur, César doit respecter, dans l'esprit et dans la lettre, les institutions religieuses où se réfugient les consciences, et qui sont à proprement parler le domaine de Dieu. S'il ne le fait pas, il revient en arrière jusqu'à la tyrannie de l'État païen. Le César moderne reprend à son compte le mandat du César antique, il veut unir à la magistrature civile le souverain Pontificat. « César, à quoi me réduis-tu ? Tu veux être à la fois législateur des choses divines et des choses humaines. Tu m'obliges à me soumettre à la fois à deux législations contradictoires. Français, je suis tenu à la loi française, catholique, je suis lié à la loi catholique. César, pourquoi fais-tu des lois qui sortent de ta compétence ? Me voilà; par ta faute, écartelé à deux devoirs qui lient, en sens contraire, le catholique et le citoyen. Quel jugement de Salomon me tirera de peine ? Mon choix est fait d'ailleurs. Je voudrais suivre la loi du citoyen, mais la loi du catholique l'emporte. J'opte pour la loi éternelle contre la loi du temps, j'opte pour le droit de la conscience contre une volonté usurpatrice. Et ce faisant, ce n'est pas à un pouvoir étranger que je sacrifie le pouvoir national; j'obéis à ma religion qui ne m'est pas

une étrangère ; j'obéis à Dieu qui n'est pour per
sonne un maître étranger. Au surplus, une déso
béissance n'est pas une révolte ; César, tu es l
force, tu es la violence au besoin. Va jusqu'a
bout de tes principes. Prends mes biens, prend
ma liberté, prends ma vie. Tu travailles une foi
de plus contre toi-même. Tu fais jaillir une foi
de plus de la conscience des opprimés l'affirmatio
de leur droit. Tu rencontres ce que tu ne cherchai
pas ; tu fais revivre ce que tu voulais détruire, e
tu prouves à tes dépens que la loi n'est pas digne
de commander à des hommes, si elle ne s'arrête
pas devant ce qui est le fond même de l'homme,
la conscience. »

**Le catholique qui appartient à l'Église, société
inégale par essence, peut-il servir une démocratie dont l'égalité est le fondement ?**

Mais, dira-t-on, si l'antagonisme est si profond,
il faut donc que du citoyen et du catholique l'un
des deux disparaisse. Si le César antique a pu
céder au christianisme la plus belle moitié de son
empire, la démocratie moderne ne le peut, parce
qu'il y va de son existence. Ce n'est pas la faute
de la démocratie si l'organisme catholique est
calqué sur la constitution monarchique. Libre à
l'Église de garder sa constitution, mais libre à

l'État de n'en pas tenir compte. Que l'Église s'arrange comme elle pourra. Le progrès démocratique n'a pas le temps de retarder sa marche. L'âme de la démocratie, c'est l'égalité : elle s'organise selon un principe intérieur de vie, dont les besoins appellent les fonctions, et les fonctions créent les organes. Point de constitution, point de hiérarchie reçue du dehors, comme un commandement divin. Les dépositaires de l'autorité, si l'on veut encore se servir de ce vieux mot, sont les élus de tous, et rendent au peuple ce que le peuple leur a donné. La vie circule d'ailleurs à travers le corps, et ne s'immobilise nulle part, et le progrès naît de ce perpétuel va et vient de l'âme démocratique, car à mesure que la vie se répand et se ramifie, elle appelle à la dignité de citoyen et à la responsabilité d'homme un plus grand nombre d'hommes, devenus conscients de leurs devoirs en même temps que de leurs droits. Et vous, au contraire, Église catholique, vous êtes une société *inégale*, comme il plaît à votre Souverain Pontife de le souligner ; vous recevez toute votre vie de la tête, et votre unité, très forte, se fait aux dépens de votre vitalité. Par essence, vous êtes une monarchie ; vous ne pouvez trouver aucun point de contact, sinon pour vous y heurter, avec une pure démocratie. Vous êtes la pierre d'achoppement au civisme de vos fidèles. Pour demeurer vos fidèles, il leur faut rester en arrière du mouvement qui emporte leurs concitoyens vers l'égalité. Ce n'est pas l'État qui les excommunie de son idéal : c'est vous-même, ô Église, qui les rejetez hors de la collaboration commune. Vous les forcez à la plus pénible des émigrations, l'émigration sur place, au dedans. C'est vous qui, en poursuivant de vos anathèmes toute l'organisation des démocraties, mettez les catholiques dans la cruelle alternative, ou de se libérer par l'apostasie, ou de tourner le dos au vrai progrès.

Ainsi font le procès à l'Église ceux qui n'ont rejeté un dogme que pour en prendre un autre. Le dogme de la démocratie égalitaire ne permet pas qu'on le discute ; soit. Acceptons-le sans discussion, pour mieux montrer que l'Église n'est pas pour en arrêter l'essor, et qu'à tout prendre, un catholique peut se montrer bon démocrate.

L'Église n'est pas, à proprement parler, une monarchie, mais une hiérarchie, c'est-à-dire une constitution faite de fonctions et d'organes inégaux d'importance, mais tous concourant à l'unité de vie. Elle est l'image la plus parfaite du corps humain à laquelle elle-même s'est tant de fois comparée : elle a pour âme l'esprit même de Jésus-Christ qui anime tous les membres, mais en mesurant la vie qu'il leur distribue, à l'importance de leur rôle social. Sans doute, la vie descend de haut en bas, en vertu des sacrements qui découlent du Christ, tête de ce grand corps. Les évêques, sous l'autorité du Souverain Pontife, l'évêque des évêques, les prêtres sous l'autorité des évêques, les fidèles au-dessous, voilà l'ordre. Mais, comme le sacerdoce n'est point héréditaire, l'ordre n'est point l'immobilité, ni même l'inégalité. Si la démocratie est l'ascension possible des fils du peuple aux charges et aux dignités, rien n'est plus démocratique, sous ce rapport, qu'une constitution ecclésiastique qui a permis au fils du facteur municipal Sarto de monter sur le siège pontifical, qu'un simple pêcheur occupa le premier.

Rassurons d'ailleurs les démocrates, s'ils veulent être rassurés. L'Église n'imposa jamais à la société civile sa propre constitution. L'Église est d'un ordre, et la société est d'un autre. Un seul principe, en matière politique, est un dogme de notre foi : l'autorité vient de Dieu, mais peu importe le le chemin qu'elle suit. Elle peut se fixer sur la tête d'un roi, héréditaire, ou d'un chef, électif. Electif ou héréditaire, le pouvoir vient toujours d'une source plus haute que la volonté de l'homme. Question de pure théorie en somme ! puisque dans la pratique toutes les formes de gouvernements sont légitimes, pourvu que toutes aient pour objet de consolider et de perfectionner la société voulue de Dieu. Quand deux citoyens s'approchent de l'urne électorale, ils peuvent différer d'avis sur la question de l'origine du pouvoir.

L'un, le catholique, dépose son bulletin, comme le non catholique, persuadé qu'il est investi d'une parcelle de la souveraineté nationale. Tous les deux ont raison, et je ne vois pas pourquoi le catholique ferait montre d'une moindre vertu civique, sous prétexte qu'il croit avec l'Église que la souveraineté nationale, comme toute autre, trouve sa valeur et son contrôle dans le principe de toute souveraineté, le souverain créateur de toutes choses, et en particulier, de l'ordre social.

***

Comment le catholique concilie le principe de l'égalité avec la notion d'autorité.

L'ordre social, dans ses lignes essentielles, voilà, en effet, ce que l'Église ne perd pas de vue, et c'est pour la conservation de l'ordre social que l'Église s'efforce de concilier dans sa doctrine le principe de l'égalité, cause de progrès, mais aussi d'instabilité, avec le principe de l'autorité, source de subordination et de hiérarchie.

L'égalité, que l'on tourne contre l'Église, est une idée chrétienne. On en cherche aujourd'hui l'origine dans l'autonomie de la personne humaine; j'aime mieux la trouver dans la croyance à la fraternité divine, qui nous fait fils du même Père céleste, et rachetés par le sang du même Sauveur. « Il n'y a désormais, disait saint Paul, ni Grec ni barbare, ni libre ni esclave, ni riche ni pauvre, ni noble ni roturier : tous, enfants de Dieu, égaux dans l'espérance et dans la liberté. » Jamais sans doute, sans le triomphe de l'égalité chrétienne au sein de la cité des âmes fondée par Jésus-Christ, jamais le principe de l'égalité civile n'aurait été proclamé comme le fondement de la société temporelle. L'Église a semé l'idée : l'idée a passé dans les mœurs et dans la philosophie. Le droit privé est devenu le droit public. Et, en effet, dans la mesure où ils ont fait œuvre bonne et durable, nos pères de 89 ont essayé d'introduire dans le domaine de la loi les conquêtes de la conscience chrétienne, les grands principes de fraternité et d'égalité. Par malheur, et c'est ce qui explique en partie leurs excès et leurs erreurs, à l'heure même où ils voulaient transfuser la liqueur évangélique dans les veines du corps social, ils brisaient violemment le vase qui la contenait et rejetaient l'Église qui en a le dépôt.

Autre chose d'ailleurs est l'égalité de droit, qui appelle tout le monde à l'égalité de fait, et l'égalité de fait elle-même qui est le partage du petit nombre. L'égalité réelle est une chimère, à laquelle répugnent à la fois, et la nature qui ne fait pas deux hommes égaux ni deux feuilles semblables, et l'humanité qui ne s'organise en société, qu'à la condition, si j'ose dire, de s'inégaliser.

Une société, pour atteindre sa fin, qui est le plus grand bien possible du plus grand nombre possible, doit mettre en commun ses affections, ses intérêts, ses efforts, et cela ne se peut pas faire par simple juxtaposition, ou, si vous voulez, par simple addition de tant d'éléments divers. L'unité du but suppose l'unité de composition. C'est l'unité qui organise la multitude en un corps social. Et l'unité est l'ordre dans la multiplicité, et cela, par la subordination des détails à l'ensemble et des parties au tout. Il n'y a point de corps humain sans la hiérarchie des fonctions et des organes ; il n'y a point de corps social sans la hiérarchie des individus ou des groupes qui représentent les fonctions et les organes nécessaires à la vie de la société. Il ne serait pas juste de pousser cette assimilation jusqu'à l'extrême rigueur, en condamnant les membres du corps social à l'immuable fixité des membres du corps humain. Une fois pour toutes, les cellules de notre organisme vivent, sans espoir de révolution, sous la domination des centres cérébraux. Mais les cellules sociales, par contre, peuvent aspirer à de nouvelles promotions, car si les fonctions organiques de la société sont, sans contredit, immuables comme des rapports nécessaires, les individus ou les groupes qui les représentent ne sont pas néces-

sairement toujours les mêmes. Le régime de l'égalité démocratique laisse cette porte ouverte à
l'ascension des individus vers les degrés de la
hiérarchie sociale, mais la hiérarchie reste la condition essentielle de la société. Car l'évolution de
la société ne peut aller jusqu'à la négation de la
société, et l'ascension des individus vers l'égalité
doit s'arrêter devant les lois nécessaires de la
conservation sociale.

Si vous abandonnez, en effet, la constitution
du corps social au hasard du principe individua-
liste de l'égalité, vous déchaînez dans la foule
sans cohésion et sans unité la guerre des appétits
et des ambitions : vous livrez les faibles aux forts ;
le droit à la violence, la loi au nombre, la justice à
l'intérêt. Vous réduisez surtout le peuple tout
entier à l'état de poussière que dispersera le premier vent de révolution. Vous faites pis encore :
vous posez au-dessus de cette masse informe la
puissance centralisatrice de l'Etat qui se dresse
comme une tête énorme et disproportionnée sur
le corps chétif et inorganique de la nation.

Ici, en effet, les extrêmes se rejoignent, et l'individualisme égalitaire, poussé à bout, tombe de
la hauteur de ses rêves dans l'anarchie et l'impuissance, pour se perdre, dépouillé de tout, même de sa
chimère d'égalité, dans l'absolutisme politique et
social de l'Etat. Quand tout le monde est souverain,
personne ne l'est. Ou plutôt quelqu'un est souverain

pour tout le monde, c'est l'État, l'État, le monstre aux millions de têtes, aux millions de bras, que la Fable n'avait pas rêvé, l'État qui voit tout, qui atteint tout, non pour le peuple, mais à la place du peuple. L'État a tous les pouvoirs du monarque absolu, sans être, comme celui-ci, gêné par le voisinage des grands corps privilégiés ; il n'y a plus de privilèges, plus d'ordres, plus de classes ; tous les hommes sont égaux devant l'État, c'est-à-dire également confondus et absorbés dans l'État. Un réseau de lois et de règlements, mailles légères. mais serrées, emprisonne si bien le corps social qu'il ne peut plus faire un mouvement, et que pareil au Gulliver de Lilliput, il se laisse piétiner. par les pygmées de la légalité qui le dépouillent à leur aise : il ne lui reste plus que la liberté de respirer encore. L'État met fin aux conflits entre le capital et le travail, entre le patron et l'ouvrier : il supprime tout, il nivelle tout, il prend tout, et l'égalité est faite dans le vaste engrenage des monopoles. Les monopoles d'État sont les premiers jalons du collectivisme d'État..

Ainsi l'État seul régulateur des rapports sociaux et des rapports économiques, l'État seule et unique association des intérêts et des droits particuliers, l'État seul et universel propriétaire des sources de richesse et des instruments de travail, l'État en voie de se substituer à la famille en dissolution, l'État enfin seul organisé devant la désorganisation des anciens cadres sociaux, voilà l'aboutissement fatal du principe d'individualisme égalitaire poussé jusqu'à ses dernières limites.

C'est ainsi que l'excès d'un principe même juste et vrai amène le triomphe du principe contraire. L'émancipation excessive de l'individu vis-à-vis de la hiérarchie le fait retomber sous le joug mille fois plus lourd de la puissance anonyme de l'État.

L'Église, en sauvegardant le principe de l'autorité et en le mettant au-dessus des atteintes de l'individualisme, ménageait au principe même de l'égalité individuelle une barrière de protection contre ses excès et ses faiblesses. L'autorité ne saurait d'ailleurs s'opposer à l'égalité, car l'autorité, à la bien comprendre, est représentative des droits dont elle a la garde et le maintien. L'autorité, c'est le droit consolidé, le droit de chacun se combinant avec le droit de tous. Le droit de chacun, en effet, n'est réalisable en société qu'à la condition de prendre la forme des droits de tous. Tous ne sont effectivement égaux en droits qu'en renonçant à en jouir individuellement et séparément, c'est-à-dire en les mettant dans le domaine public, comme un rentier ne jouit de ses rentes qu'en aliénant son capital. C'est donc en imitant la hiérarchie selon l'Église que la démocratie s'organise en société. Quand donc mon bulletin de vote tombe dans l'urne électorale, je veux bien qu'il y entre comme un symbole d'égalité dans la souveraineté, mais quand il en sort, il est le signe de la hiérarchie et de la subordination sociales (1).

(1) La difficulté est grande de tenir la balance entre les droits de l'individu et les droits de la société. L'esprit abonde d'ordinaire dans le sens qu'il a une fois adopté. Est-il préoccupé d'assurer la stabilité de l'ensemble, il lui arrive de négliger la perfection des détails. Quand il envisage la société, abstraction faite de l'individu, il absorbe celui-ci dans celle-là. Quand il prend, au contraire, l'individu comme seul et unique point de départ de la société, c'est celle-ci qui s'absorbe dans celui-là, de sorte qu'il y a un égal danger à vouloir considérer l'homme privé et l'homme social à part l'un de l'autre ; en d'autres termes, à vouloir faire le bonheur de tous comme si chacun n'était pas dans tous, et le bonheur de chacun comme si tous n'étaient pas dans chacun.

Les points extrêmes entre lesquels oscille l'activité humaine sur la ligne du progrès, sont, d'un côté, l'individualisme, et de l'autre, le socialisme. Jamais l'esprit de l'homme ne pourra se fixer définitivement sur l'un ou sur l'autre de ces points ; mais selon qu'il se porte vers l'un ou l'autre, il entraîne après lui le mouvement général des institutions et des lois. De là ces évolutions alternativement contraires, dont l'histoire offre tant d'exemples, et qui s'appellent en politique révolutions et réactions. Heureusement pour l'humanité, une loi d'équilibre réside au fond des choses, qui peut plus pour la conservation de l'ordre éternel que ne peuvent pour sa destruction les luttes des forces contraires.

III

Les idées catholiques sur la charité en ce monde et sur la justice dans l'autre ont-elles retardé l'avènement de la justice sociale ?

L'égalité politique n'est pas ce qui tourmente le plus notre démocratie. C'est là comme un bien longtemps désiré : quand on le possède, on veut autre chose. La démocratie réclame désormais une égalité moins platonique. Il est beau, certes, pour le citoyen d'avoir été souverain tous les quatre ans, l'espace d'un matin, et de se dire, les autres jours, que toutes les lois qui éclosent au soleil de la liberté émanent de votre bulletin de vote ; sans doute il est beau de se sentir, pour une faible part, l'auteur de tout ce qui se fait, au nom du peuple, dans la paix et dans la guerre, dans la politique et dans les finances. Mais c'est là, convenons-en, une satisfaction un peu creuse pour un homme qui n'en a pas d'autre, et qui sue sang et eau pour gagner à grand'peine le pain quotidien. Et n'est-ce pas, au contraire, une ironie cruelle, que de donner à ce pauvre, dans une main, un sceptre dérisoire, et de lui glisser, dans l'autre, le maigre salaire qui lui sert tout juste à ne pas mourir de faim? Roi d'un jour, d'une heure, d'un moment, et misérable de toute sa vie, voilà le contraste que produit l'égalité des droits en face de l'inégalité des conditions. Ou bien replongez cet homme dans un état social où son impuissance consolait sa misère, ou bien faites une nouvelle révolution pour achever l'œuvre d'égalité, pour assurer au citoyen libre la part qui lui est due dans les jouissances et dans le bien-être de la communauté.

Voilà le but que poursuivent, à des degrés divers, tous les partisans de la démocratie sociale. Tout le monde y travaille : la politique pure disparaît de plus en plus de la scène ; il ne s'agit plus de savoir quelle est la meilleure forme de gouvernement, mais il s'agit de savoir par quels moyens établir dans les relations des citoyens entre eux la plus grande somme de justice, et cela, en les dirigeant vers la plus grande somme d'égalité. Et comme l'hiatus social le plus apparent s'ouvre dans les rapports entre le capital et le travail, entre le patron et l'ouvrier, c'est là, autour de l'atelier, que se rencontrent, que se heurtent, que se combattent les communs efforts, faute de s'entendre sur des communs principes.

Peut-on bien être catholique et coopérer dans

le sens démocratique, à l'action sociale contemporaine ?

Non, se hâtent de répondre les socialistes. Un catholique ne peut faire avancer d'un pas la question sociale : il ne peut que se mettre en travers du grand mouvement qui emporte le monde. Ses principes y résistent de toutes leurs forces, sa tradition y fait obstacle de tout le poids des siècles morts.

L'esprit du catholicisme, au point de vue social, c'est la charité, ou la réparation tardive des maux qui affligent la personne ou la société humaines. Or le grand tort de la charité, si admirable qu'elle soit dans ses œuvres, est d'avoir rejeté par delà l'horizon terrestre, dans une vie problématique, le règne de la justice et de l'égalité. Quelle funeste et amollissante voix de mensonge est descendue avec la charité des nuages de l'au-delà, pour envelopper les enfants des hommes dans un rêve étoilé, et leur dérober la vue de cette vallée de larmes où ils gémissaient ! Pendant qu'on lui parlait ainsi d'un royaume à venir où le bonheur serait en raison de la souffrance actuelle, l'humanité cessait de s'agiter et de se retourner sur son lit de torture, et elle s'assoupissait, charmée, dans l'inertie de l'espérance, bercée par la chanson qui promettait le ciel. Et voilà le grand crime de la charité : en endormant la souffrance, elle a endormi la révolte, et elle a retardé pour des siècles ce royaume de Dieu qui devait être établi sur terre. Aussi a-t-il fallu réveiller durement de leur sommeil béat les foules que l'Église avait enjôlées, avant de leur parler des réparations prochaines et des retours de justice sociale. C'est depuis qu'il ne prête plus l'oreille à la vieille cantilène que le peuple a les yeux tournés vers l'aube naissante de la vraie et réelle égalité.

Arrière donc les catholiques qui n'ont pas su faire ici-bas l'œuvre de leur Évangile, et qui sont mal venus à proposer des services qu'on ne leur demande pas, pour une réforme qui tend à détruire le monde qu'ils ont fait de leurs mains ! D'ailleurs l'Église condamne le socialisme, c'est-à-dire le plein épanouissement de la démocratie. Les catholiques ne peuvent donc prêter la main, sinon en fraude de leur foi, et pour s'insinuer auprès du peuple, à cette grande affaire de la rénovation du vieux monde..

Oui, certes, l'Église condamne le socialisme sous la forme du collectivisme, et elle le condamne au nom de cette justice qu'elle est accusée de ne pas connaître ou de sacrifier aux tardives réparations de la charité. Le socialisme n'est pas la justice, puisqu'il ôte aux uns, pour donner aux autres ; il n'est pas l'égalité, sinon l'égalité dans la pauvreté, puisqu'il enrichit l'État aux dépens des particuliers ; il n'est pas la liberté, puisqu'il tarit par ce nivellement forcé une des sources les plus vives de l'activité humaine, le désir légitime de posséder le fruit de son travail. Ce que l'Église ne condamne pas, ce qu'elle conseille même, c'est le concours des bonnes volontés et des lois, pour procurer aux membres du corps social un plus équitable partage des biens et des avantages communs. Sa justice, en cela, n'est pas en opposition avec sa charité. Ne savez-vous pas, vous, les-prétendus inventeurs de l'égalité, que la charité chrétienne s'inspire d'un esprit de justice ? Ignorez-vous dans quel principe elle plonge ses racines ? N'avez-vous pas appris dans Bossuet, qui est la voix même de la tradition, cette belle doctrine de l'éminente dignité des pauvres dans l'Église ? Quels sont d'abord les membres de l'Église ? Les pauvres : l'Église est la société des pauvres ; les riches n'y sont admis qu'à la faveur des pauvres. C'est de l'inégalité sans doute, mais elle est au profit des pauvres. Il faut, en conséquence, que les riches paient le droit de cité du royaume des cieux du prix de leurs aumônes, et jusqu'où cela ? jusqu'à une certaine égalité de biens ; *ut fiat æqualitas,* comme parle saint Paul. Et si la charité, en effet, avait été souveraine comme elle aurait dû l'être, si l'éloquence des Pères de l'Église avait été obéie, la charité catholique aurait réalisé, dans une mesure plus souple et plus libre, le rêve du plus moderne socialisme, elle aurait adouci l'insolence de la richesse sans pitié et établi un certain équilibre dans le partage des biens de ce monde.

Encore une fois, la charité de l'Église catholique, loin de retarder l'avènement de la justice, lui a préparé les voies. Qui donc, le premier, a pénétré la sévère rigueur du droit romain d'un esprit plus équitable et plus chrétien ? C'est l'Église qui, tout en reconnaissant, tout en protégeant la propriété individuelle, l'a toujours ramenée aux limites de la justice, en l'obligeant à s'arrêter devant certains droits plus impérieux, tel que le droit à la vie.

Toujours l'Église a élevé et maintenu au-dessus des choses vénales, au-dessus des objets de commerce, au-dessus de la loi fameuse de l'offre et de la demande, la sueur de l'homme et la fatigue de ses bras. Ce n'est pas de l'Église qu'est sortie la trop célèbre loi d'airain, qui vend le labeur humain comme le travail d'une machine, et traite le salaire comme une marchandise. Quand Léon XIII retraçait dans l'Encyclique *Rerum novarum* les devoirs du patron chrétien envers l'ouvrier, quand il disait les exigences de la justice, ce n'était pas la clameur des revendications sociales qui entraient au Vatican, c'était l'écho de la tradition elle-même qui répondait sans rien innover aux justes plaintes des classes populaires. Et le Souverain Pontife qui élevait ainsi la voix au nom de la justice éternelle, n'avait pas à tracer l'ébauche d'un nouveau catholicisme adapté aux conditions de la vie moderne : il n'avait qu'à rappeler aux catholiques leurs devoirs de tous les temps pour se trouver au niveau des devoirs d'aujourd'hui, de sorte que bien loin d'avoir à renier leur foi et leurs principes pour prendre part au mouvement social actuel, les catholiques n'ont qu'à les pousser à bout pour être les meilleurs artisans du progrès démocratique.

Comment le catholique comprend la question sociale et le devoir social.

Mais gardons-nous bien de renfermer la question sociale dans les étroites limites d'une question de bien-être matériel mis à la portée du grand nombre. Nous n'irions pas plus loin sur le chemin de la charité et de la justice que ces matérialistes de gouvernement, dignes continuateurs de César, qui croient avoir fait leur devoir envers le peuple quand ils lui ont jeté comme une pitance du pain et des plaisirs. *Panem et circenses.* Ce n'est pas assez ; l'âme populaire est encore plus éprise de justice que de bien-être, et plus éprise encore d'amour que de justice ; à moins que la justice et l'amour ne finissent par se confondre. C'est ici que le catholique, digne de son nom, ne craint point de rival. Il a une doctrine, lui, il a un trésor de vie où il n'a qu'à puiser pour apporter au peuple le plus précieux de tous les dons, le don de Dieu : *Donum Dei*.

Qu'est-ce qu'une société pour nous, croyants catholiques ? C'est une grande famille qui a Dieu pour Père. Quel est son gouvernement ? La paternité divine, autre nom de la Providence. Quel est son principe d'union ? La fraternité en Celui qui, étant Dieu, s'est fait le Fils de l'Homme, et comme le frère aîné de tous les hommes. Quel est son idéal ? C'est l'idéal exprimé dans les paroles du *Pater*, où sont demandés le règne de Dieu et sa justice, le pain de chaque jour et l'union des cœurs dans le pardon mutuel et l'éloignement du mal, trois choses essentielles au bonheur des sociétés. Est-il un programme social comparable à celui-là ? Catholiques, où donc allons-nous chercher ce que nous avons chez nous ? Ne courons pas à la remorque de ceux qui se donnent pour les messies d'un nouvel évangile. Le nôtre doit nous suffire ; appliquons-nous à le réaliser, et personne ne nous dépassera dans le grand œuvre.

Pour nous, le devoir social est tout tracé : il consiste à imiter la Providence divine, laquelle procède dans le gouvernement du monde de deux façons, d'abord par des interventions particulières, et puis par des lois générales. A la première correspond la charité proprement dite ; elle répare les accidents inséparables de l'humaine condition ; elle est le bon Samaritain qui soigne les blessures de l'âme aussi bien que celles du corps. Elle est le miracle de la bonté toujours sur les chemins de la maladie et de la mort. Je ne sais pas si l'orgueil de l'homme atteindra ses rêves, s'il parviendra, comme il le dit parfois, à rouvrir aux enfants d'Adam le Paradis terrestre dont ils ont la nostalgie, mais je sais bien que le cœur humain est aussi fécond en souffrances qu'il est avide de bonheur, et que l'heure ne viendra jamais où la charité, cherchant en vain sur terre une douleur à consoler, reprendra son essor pour remonter au ciel d'où elle est descendue.

A la seconde manière de la Providence correspond l'action sociale proprement dite. Le propre des lois divines est de garder le caractère de paternité qui ne distingue pas entre les enfants, qui fait pleuvoir ou luire son soleil sur les méchants comme sur les bons, qui verse sa bénédiction sur tout être vivant, et qui ouvre la main pour nourrir jusqu'aux petits oiseaux. La bonté du Père céleste n'est pas seulement bonne, elle est prévoyante : elle prévient le malheur, elle prévient le mal. Elle a créé des œuvres, elle aussi, qui sont les organes essentiels, conservateurs de l'ordre social, en particulier la famille, qui est à coup sûr l'empreinte de la paternité divine dans le monde.

Bonté et prévoyance, si tels sont les caractères de votre action sociale, elle sera féconde. En un mot, remettez l'esprit de famille entre les hommes, entre les Français, puisqu'aussi bien c'est des Français qu'il s'agit. Si la question sociale est une question morale, s'il s'agit de rendre les hommes meilleurs, quel est le sentiment qui les élèvera au-dessus d'eux-mêmes, au-dessus des passions avilissantes, au-dessus de la haine et de l'envie qui divisent, jusqu'à la générosité qui pense à tous pour le bien de chacun, si ce n'est le sentiment que nous sommes tous frères sous l'aile de la paternité divine ? Unissez, groupez, organisez, puisque l'union fait la force morale, comme la force physique, mais cela, non pour haïr, mais pour aimer, non pour attaquer, mais pour servir. La France se meurt de haine et de discordes. Maudite la réforme sociale si elle s'opère sans amour ! Du moins que les catholiques se souviennent de leur Dieu, qui est Père, et qu'ils aillent avec un esprit de fraternité vers tout ce qui a besoin d'être éclairé, d'être pardonné, d'être aimé !

Si la question sociale est une question économique, s'il s'agit de seconder soit par l'initiative privée, soit par l'intervention de l'Etat, l'évolution en marche qui modifie les conditions du travail et des travailleurs ; la tâche est immense et à peine commencée : elle est à vous, catholiques comme aux autres. Vous avez dans vos rangs d'illustres pionniers qui vous ont ouvert la voie : suivez-les ; déjà, vous êtes innombrables ; l'action sociale est le vrai terrain de ralliement de toutes les bonnes volontés. On ne pourra plus dire bientôt que le mouvement social est accaparé comme un monopole par les détracteurs de l'Église. Le peuple sera bien obligé d'ouvrir les yeux sur tant d'œuvres populaires dont l'effet, pour être moins frappant d'abord qu'une loi sociale, sera peut-être plus durable et plus profond ; il prêtera ensuite à vos paroles et à vos conseils l'attention de ses oreilles, à présent encore étourdies par le bruit de tant de discours prometteurs. Un jour viendra, qui n'est pas loin, où la faillite inévitable de l'utopie socialiste laissera en présence une foule cruellement déçue devant ses illusions ensevelies, et une élite de bons ouvriers arrivés au bien-être par le détour plus long mais plus sûr des œuvres sociales catholiques, et alors personne ne viendra plus poser la question résolue par les faits, plus éloquents que les conférences : Si l'on dit aujourd'hui : Peut-on être en même temps catholique et bon Français ? alors on sera tenté plutôt de demander si on peut être bon Français sans être catholique.

***

Comment le catholique apporte à la société un élément indispensable de paix, l'esprit de sacrifice.

Aussi bien, quand on veut aller au fond des choses, le devoir social se ramène en dernière analyse aux devoirs religieux. La société, en effet, n'est pas un rassemblement de hasard ni de pur instinct. Elle est un fait religieux, non pas seulement en tant que Dieu créa l'homme pour vivre en société, mais en tant que Dieu seul est le lien par lequel les membres du corps social s'unissent et demeurent unis. Les relations des hommes entre eux sont subordonnées aux relations des hommes à Dieu. Quand le lien divin, et c'est le sens même du mot religion, vient à se relâcher, le lien purement humain est bien près de se rompre. L'instinct et la nature ont beau crier encore aux hommes : « Unissez-vous, » un autre cri se fait entendre, qui est également de la nature et de l'instinct : « Combattez-vous. » Le sens social demeure, mais il s'égare : seul le sens religieux dirige sûrement le sens social vers le but suprême des sociétés, le règne de la justice et de l'amour.

Ce n'est pas faute de savoir les droits des uns et les devoirs des autres que la société actuelle est en travail et en souffrance. Jamais elle n'a mieux connu ce qu'elle doit à chacun de ses membres ; jamais elle n'a fait plus d'efforts pour atteindre l'idéal de justice et de paix qu'elle hérita de l'Évangile. Et si la justice et la paix étaient des vertus qu'il suffît de chanter pour les répandre et d'inscrire dans les lois pour les imposer à tous, ô la belle et l'heureuse société que nous verrions éclore sous nos yeux ! La religion devrait se contenter de l'honneur d'avoir déposé ces dons dans le berceau de la France, comme ces bonnes fées qui dotaient jadis les princesses de nos vieux contes, et qui, après le coup de baguette, ne reparaissaient plus.

Mais la justice et la fraternité, on devrait le savoir en France, ne sont pas des vertus qui coulent comme de source d'un manuel d'instruction civique ou d'un discours parlementaire. Elles supposent, elles exigent une condition que la loi ne leur donne pas, que la nature n'apprend pas, que la religion seule peut commander et seule procurer : je veux dire l'esprit de sacrifice. Donnez à ce sentiment chrétien tous les noms que vous voudrez : nommez-le devoir de solidarité : prononcez le mot savant d'altruisme : il faudra toujours en revenir à la chose religieuse par excellence, qui consiste à immoler ce que l'on aime à ce que l'on doit, le bien particulier à l'intérêt général, la passion à la justice, et l'égoïsme à la fraternité. Or, supprimez la religion, et vous supprimez la raison dernière du sacrifice.

Qu'est-ce donc qui retient les enfants dans l'obéissance, les époux dans le mutuel devoir, les citoyens dans l'union ? Est-ce l'intérêt ? Oui, jusqu'à concurrence d'un autre intérêt. Est-ce l'amour ? Oui, jusqu'à concurrence d'un autre amour. S'il faut donc, — et il le faut — pour que la famille demeure fermement assise sur la pierre des foyers, s'il faut que les enfants sacrifient leurs caprices et les époux leurs passions ; s'il faut, — et il le faut — pour que la cité soit forte et indivisible, que les citoyens fassent à la loi commune le sacrifice de leur intérêt propre et soient prêts au besoin à verser leur sang et leurs biens pour la patrie ; s'il faut enfin, — et il le faut, — pour que la cité soit juste, que les citoyens plus fortunés ou mieux doués n'oublient pas au sein de leur bien-être ou de leurs succès leurs frères moins favorisés ; dites en quel nom, à quel titre, au jeune homme, à l'époux, au citoyen s'imposera la loi de gêne et d'immolation ? Le droit de la famille est sacré, également sacré le droit de la cité. J'en suis d'accord tant qu'il ne m'en coûte rien de le reconnaître : mais vienne la crise, et elle viendra toujours, ici ou là ; alors tout change d'aspect : les droits s'opposent aux droits et tous veulent être sacrés et inviolables. Les droits de l'enfant valent alors les droits des parents ; les droits de l'époux valent les droits de la famille ; les droits du citoyen vaudraient les droits de la cité, si la cité n'avait la force à sa disposition. C'est l'anarchie qui entre dans la maison, et de la maison passe dans l'État. Et si l'esprit de sacrifice n'y rentre pas avec Dieu et la religion, c'en est fait des institutions essentielles de la société.

Laissez faire, en effet, l'évangile laïque. La jeunesse prendra dans ses mains l'autorité, les autorités qui se disent sociales, et elle s'amusera à les casser, comme l'enfant ses jouets pour voir « ce qu'il y a dedans ». Elle rira de toutes les règles de la morale et des convenances. Vous verrez, vous le voyez déjà, le vice n'attendant pas le nombre des années, et la vertu l'attendant vainement. Le crime, autrefois fils de la misère et du vagabondage, sera le dilettantisme de jeunes déclassés, et quand on voudra le peindre, il faudra lui donner l'âge de l'innocence et un visage pâle et imberbe de quinze ans.

Chose plus triste encore, car après tout le crime est l'exception, le devoir ne sera plus le but de la vie, mais la jouissance sans délai et sans lendemain. Laissez faire les nouvelles mœurs, et la loi qui leur livre la famille ; et la famille française, autrefois l'une de nos vertus nationales, ne sera plus qu'un souvenir, et le peuple né de l'Evangile retournera en arrière, par delà la polygamie antique, moins funeste peut-être à la société que la

polygamie successive, produit de la plus antiso-
ciale des lois, la loi du divorce.

La société elle-même, prise dans son ensemble,
si elle n'est pas soulevée par le levain du sacrifice
chrétien, est fatalement condamnée à des contra-
dictions insolubles, entre les principes très éle-
vés, et les égoïsmes très bas. Elle dira toujours
liberté, et la liberté servira de masque à la force
pour l'oppression hypocrite, quand elle ne sera
pas violente, des idées, des sentiments, des droits
qui ne figurent pas dans les programmes électo-
raux ou n'ont pas obtenu la majorité des suffrages.
Elle dira toujours égalité, et l'égalité, épouvantail
de ceux qui possèdent, mirage de ceux qui leur
portent envie, rejettera toujours ceux-là derrière
les remparts des distinctions sociales, et achèvera
de faire sortir ceux-ci de la paix quotidienne du
travail rémunérateur ; d'une part, l'effroi qui
donne de temps à autre une loi sociale en pâture
au monstre ; de l'autre, le grondement du monstre
menaçant de tout dévorer. Et c'est à grand'peine
qu'on entendra, par-dessus, le mot de fraternité,
qui n'a plus d'écho, depuis que les bouches populaires ont appris à hurler le chant de la haine
féconde et de la mort vengeresse.

Combien de temps peut durer un état social
qui a perdu son centre de gravité placé dans le
sacrifice et le support mutuel ? Je l'ignore, mais
je sais bien qu'un tel état social ne peut durer

toujours et qu'il n'a devant lui qu'une alternative : ou bien périr, ou rappeler l'Église !

Acte de confiance en l'Église.

Naguère, en plein Parlement, le principal orateur du parti socialiste adressait à l'Église catholique une violente provocation à faire la paix avec la science et avec la démocratie, et il n'affectait de lui tracer le programme de la réconciliation que pour lui jeter, en terminant, cet insolent sarcasme : « Il est trop tard ; la vie s'est retirée de vous. »

Pourquoi faut-il qu'aucune voix catholique ne se soit élevée pour répondre à ce méprisant défi, par un acte de confiance en l'Église outragée et méconnue ?

« Non, ô mon Église, aurait-elle dit, la vie ne s'est pas retirée de toi ; tu n'as point failli à ta mission. Tu as l'intelligence des temps actuels ; ni la science ne te fait peur, ni la démocratie ne te prend au dépourvu. Tu possèdes le trésor du père de famille qui sait en tirer des choses anciennes et des choses nouvelles : tu sais les en tirer à propos. Quand la science passe devant toi avec son cortège d'hypothèses aussi engageantes que hardies, tu ne crains point pour les vérités essentielles dont tu as le dépôt. Tu es la vérité vivante, éternelle, et si la science a dérobé quelque rayon du grand mystère, de lui-même, ce rayon vient s'absorber dans ton soleil. Tout le reste, qui est erreur ou ombre, se dissipe et se perd. Quand on a, comme toi, concentré autour de sa tête tout ce que l'antiquité pensante en Platon et en Aristote avait, pour ainsi dire, d'universel ou de catholique, on peut envisager sans trouble les systèmes plus ou moins renouvelés des Grecs qui partagent la pensée contemporaine. Quelque chose te rend invulnérable à toute l'évolution de l'esprit moderne ; la vérité philosophique est relative à la pensée et à la parole qui l'exprime : ta vérité, à toi, est la réalité, parce qu'elle est la vie.

La démocratie voudrait se suffire à elle-même et se passer de tes services, et elle oublie volontiers que si tu n'avais pas précédé son avènement de plusieurs siècles, elle n'aurait jamais commencé d'être. C'est grâce à toi que la société chrétienne conserve encore quelque image de l'ordre et figure d'harmonie. Tu as mérité et mérites encore ce bel éloge de saint Augustin : « Tu conduis et instruis les enfants avec tendresse, les jeunes gens avec force, les vieillards avec calme. Tu soumets les femmes à leurs maris par une chaste et fidèle obéissance, non pour assouvir la passion, mais pour propager l'espèce et constituer la société de la famille. Tu subordonnes les enfants aux parents par une sorte de libre servitude, et tu préposes les parents aux enfants par une sorte de tendre autorité. Tu unis non seulement en société, mais en une sorte de fraternité les citoyens aux citoyens, les nations aux nations, et les hommes entre eux par le souvenir des premiers parents. Tu enseignes avec soin à qui est dû l'honneur, à qui l'affection, à qui le respect, à qui la crainte, à qui la consolation, à qui l'avertissement, à qui l'encouragement, à qui la correction, à qui la réprimande, à qui le châtiment ; et tu fais savoir comment, si toutes choses ne sont pas dues à tous, à tous est due la charité, et à personne l'injustice. » De telles vertus ne naissent pas d'elles-mêmes en une démocratie, et à moins de s'en passer, c'est à toi que la démocratie devra toujours les demander. Quant au reste, quant à ce qui vient de la terre, tu peux laisser venir, s'il doit venir, le règne d'une justice sociale qui remplirait les désirs terrestres de tous les hommes. La coupe du bonheur encore pleine entre leurs mains, *ils* ne seraient pas encore satisfaits : celui qui a fait le cœur humain pour l'infini n'a pas chargé la démocratie de le remplir : c'est à toi qu'il a donné cette mission. Tu seras donc toujours nécessaire à la société des hommes ; tu attends les hommes au point précis où les abandonnent les appuis de ce monde, où les aspirations et les douleurs de l'âme humaine débordent des rivages de l'humanité. Tu les attends, un à un, quand la chaîne de vie sociale se rompt pour chacun, anneau par anneau, et tombe au gouffre sans fin où roulent pêle-mêle monarchies et républiques, empires et démocraties. Toi seule as mission, ô Église catholique, de bâtir dans le ciel une cité qui ne passe pas, la cité qui réalise pleinement le rêve du cœur de l'homme toujours déçu en la cité d'ici-bas. Sois deux fois bénie, ô Église catholique, deux fois bénie pour ton double bienfait ; nous te restons deux fois fidèles, au nom de la terre que tu nous rends plus amie et plus sociable, au nom du ciel où sera réalisé tout l'idéal terrestre, oui, deux fois fidèles, comme fils de la France et comme héritiers de l'Évangile. »

1186-10. — Imp. des Orph.-App., F. BLÉRIT, 40, rue La Fontaine, Paris-Auteuil.

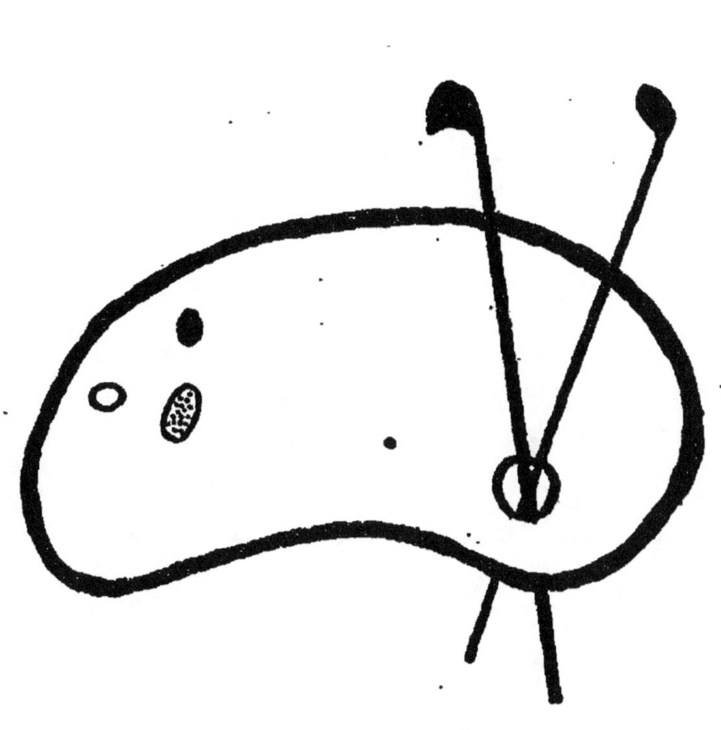

ORIGINAL EN COULEUR

NP Z 43-120-3